DANS MA COMMUNAUTÉ

LE SERVICE DE POLICE DE MA VILLE

COLLECTION CRABTREE « LES JEUNES PLANTES »

Alan Walker

CRABTREE
PUBLISHING COMPANY
WWW.CRABTREEBOOKS.COM

POLICE

Je veux être un policier ou une policière.

Le travail d'un policier ou d'une policière est de **protéger** les gens.

Tu appelles la police en cas **d’urgence.**

Les policiers portent des **uniformes.**

FOOD
CORNER
PEPSI
TAQUERIA
CAN-CÚN
1005

Ils portent des **outils** spéciaux à leur ceinture.

Certains policiers utilisent des voitures de patrouille.

Les voitures de patrouille ont des sirènes et des gyrophares.

PORTLAND MOUNTED POLICE
WELLS
OFFICER

Certains policiers ou policières sont à cheval ou à motocyclette.

Certains policiers travaillent avec des chiens.

Un chien policier fait partie de l’unité canine.

Les policiers utilisent des menottes quand ils font une arrestation.

Les gens doivent être formés pour devenir policier ou policière.

CHASE BRIDGE

Glossaire

outils (ou-ti) : Les outils sont des pièces d'équipement qui t'aident à faire différents travaux.

protéger (pro-té-gé) : Protéger veut dire garder quelque chose ou quelqu'un en sécurité.

sirènes (si-rèn) : Les sirènes sont utilisées comme avertissement. Elles font des sons stridents.

uniformes (u-ni-form) : Les uniformes sont des vêtements spéciaux portés par un groupe, une équipe ou une organisation.

unité canine (u-ni-té ca-nin) : Un chien faisant partie de l'unité canine est entraîné pour aider et travailler avec les policiers.

urgence (ur-gen-s) : Une urgence est une situation dangereuse. Nous composons le 911 pour une urgence.

Index

Soutien de l'école à la maison pour les gardien(ne)s et les enseignant(e)s.

Ce livre aide les enfants à se développer grâce à la pratique de la lecture. Voici quelques exemples de questions pour aider le(a) lecteur(-trice) à développer ses capacités de compréhension. Des suggestions de réponses sont indiquées.

Avant la lecture

- Quel est le sujet de ce livre? Je pense que ce livre est au sujet des policiers et policières. Il peut me renseigner sur le travail qu'ils font.
- Qu'est-ce que je veux savoir sur ce sujet? Je veux en savoir plus sur les vêtements que portent les policiers.

Durant la lecture

- Je me demande pourquoi... Je me demande pourquoi certains policiers sont à cheval ou à motocyclette.
- Qu'est-ce que j'ai appris jusqu'à présent? J'ai appris que les policiers portent un uniforme. Ils ont une ceinture avec des outils spéciaux.

Après la lecture

- Nomme quelques détails que tu as retenus. J'ai appris que le travail d'un policier est de protéger les gens. J'ai appris que certains policiers travaillent avec des chiens. Ces chiens font partie de l'unité canine.
- Écris les mots peu familiers et pose des questions pour mieux comprendre leur signification. Je vois le mot ***protéger*** à la page 4 et le mot ***urgence*** à la page 7. Les autres mots de vocabulaire se trouvent aux pages 22 et 23.

Crabtree Publishing Company
www.crabtreebooks.com 1-800-387-7650

Version imprimée du livre produite conjointement avec Blue Door Education en 2021.

Crédits photos : Photo couverture John Roman Images, illustration écusson © SPF; p. 2 3 © Purino, p. 4 5 © Drop of Light; p. 6 7 © photo enfant © Mariia Kalinichenko, illustration téléphone © alexmillos; p. 8 9 © Eric Broder Van Dyke; p. 12 13 © Barbara Sauder and Carolina K. Smith MD; p. 14 15 © policier à moto Denise Kappa, policière à cheval © Png Studio Photography; p. 16 17 © Glynnis Jones; p. 18-19 © sirtravelalot; p. 20 21 © a katz
Toutes les photos sont de Shutterstock.com sauf aux pages 10-11 © Peterfactors | Dreamstime.com

Imprimé au Canada/042021/CPC

Auteur : Alan Walker
Coordinatrice à la production et technicienne au prepress : Amy Salter
Coordinatrice à l'impression : Katherine Berti
Traduction : Claire Savard

Publié au Canada par Crabtree Publishing
616 Welland Ave.
St. Catharines, ON
L2M 5V6

Publié aux États-Unis par Crabtree Publishing
347 Fifth Ave
Suite 1402-145
New York, NY 10016

Catalogage avant publication de Bibliothèque et Archives Canada
Disponible à Bibliothèque et Archives Canada